RECUEIL
DE PROPHÉTIES
REMARQUABLES

D'ORVAL — DE LA RELIGIEUSE DE BLOIS
DE SAINT CÉSAIRE — DE LA RELIGIEUSE DE BELLEY
DE JÉRÔME BOTIN — D'ANNA-MARIA TAÏGI

PRIX : 50 CENTIMES

LYON

FÉLIX GIRARD, IMPRIMEUR-LIBRAIRE
Rue Saint-Dominique, 6

RECUEIL

DE

PROPHÉTIES REMARQUABLES

VISIONS PROPHÉTIQUES

D'UNE ANCIENNE RELIGIEUSE.

Une ancienne religieuse d'une piété remarquable n'avait échappé que par miracle aux fureurs de la Révolution de 1793. Réfugiée dans une famille qui lui avait donné asile, elle y menait la vie la plus austère. Elle prophétisa à plusieurs reprises des événements extraordinaires qui se sont réalisés. La plus importante de ces prédictions est celle que nous reproduisons. Nous la trouvons publiée pour la première fois en 1829 dans un livre intitulé : *Tableau des Trois Epoques* (Paris).

« Pendant que je priais, le 6 janvier 1815, pour le rétablissement de la religion en France, il me fut dit : « La France « n'a pas reconnu le bienfait que je lui ai « accordé en la délivrant de l'anarchie et « de la tyrannie ; au lieu de me témoi- « gner sa reconnaissance, elle m'outrage. « Je vais encore la châtier en permettant « que le *vautour de l'Europe* y rentre. » *Seigneur*, m'écriai-je, *tout est perdu si Bonaparte rentre en France.* Il me fut dit : « Il n'y restera pas longtemps ; j'ar- « merai l'Europe contre lui, la France sera « cernée comme une ville qu'on assiége, et « avant six mois les Bourbons remonteront « sur le trône de leurs pères... » Cette prédiction s'est accomplie à la lettre, comme tout le monde sait.

La seconde prédiction regarde les événements futurs, et voici ce que dit cette religieuse : « Le dimanche d'avant la Toussaint 1816, je faisais mon oraison sur l'instabilité du cœur humain ; je fus tout à coup frappé d'objets horribles ; je vis des personnes de tous les états qui se livraient à des désordres affreux. Il me fut dit : « Tu vois les crimes qu'on commet ;

« et qui retient mon bras vengeur? Je vais
« donc encore frapper la France pour le
« bonheur des uns et le malheur des au-
« tres. » Je vis dans ce moment un gros
nuage qui était si noir que j'en fus épou-
vantée ; il couvrit toute la France, et dans
ce nuage j'entendis des voix confuses qui
criaient, les unes : « Vive la république! »
les autres : « Vive Napoléon ! » les autres :
« Vivent la religion et le grand monarque
« que Dieu nous garde! » En même temps
il se donna un grand combat, mais si vio-
lent qu'on en avait jamais vu un semblable ; le sang coulait comme quand la pluie
tombe bien fort, surtout depuis le Midi
jusqu'au Nord, car l'Ouest me parut plus
tranquille. Les méchants voulaient exter-
miner tous les ministres de la religion de
Jésus-Christ et tous les amis de la légiti-
mité. Ils en avaient fait périr un grand
nombre et criaient déjà victoire, lorsque
tout à coup les bons furent ranimés par un
un secours d'en haut, et les méchants furent défaits et confondus. Le temps de tous
ces bouleversements ne sera pas de plus
de trois mois, et celui de la grande crise
où les bons triompheront ne sera que

d'un moment. Quand les méchants auront répandu une très-grande quantité de mauvais livres, ces événements seront proches. Aussitôt après qu'ils seront arrivés, tout rentrera dans l'ordre, et toutes les injustices, de quelque nature qu'elles soient, seront réparées, ce qui sera très-facile, la plupart des méchants ayant péri dans le grand combat ; et ceux qui auront survécu seront si effrayés du châtiment des autres, qu'ils ne pourront s'empêcher de reconnaître le doigt de Dieu et d'admirer sa toute-puissance : plusieurs se convertiront. La religion fleurira ensuite de la manière la plus admirable. J'ai vu des choses si belles à cet égard, que je n'ai pas d'expressions pour les peindre. »

PROPHÉTIE D'ORVAL.

Origine du texte de la prophétie d'Orval, d'après sept copies datant de 1792 à 1794.

Cinq de ces copies ont été prises à l'abbaye d'Orval sur le texte qui y était déposé depuis plusieurs siècles. Les deux autres ont été copiées sur un manuscrit de la Bibliothèque générale de Paris, qui a la même origine que le texte d'Orval.

Ces sept copies ont été fournies : la première par M. de Damas, qui la rapporta d'Angleterre ; elle fut prise à Orval en 1792. La deuxième par le P. Quantin, ancien religieux prémontré. La troisième par M. le curé de la Rixouse ; elle est conforme à celle que Mgr l'évêque de Saint-Claude emporta alors de cette abbaye en Autriche. Cet évêque dit dans son témoignage qu'il était à Orval avec plus de quarante étrangers qui émigraient, lorsque le supérieur de l'abbaye leur donna lecture de cette prophétie, que les religieux conservaient depuis plusieurs siècles dans leurs archives. Ce manuscrit original annonçait la mort de Louis XVI, la Révolution française, tous les événements antérieurs en remontant jusqu'au religieux inspiré. Plusieurs de ces personnes en prirent des copies pour les temps à venir, depuis le verset : *En ce temps-là, un jeune homme, etc.* Ce texte, porté dans les pays où s'étendit l'émigration, y fut souvent transcrit. La quatrième a été présentée par l'*Invariable* de Fribourg, qui l'a publiée en 1840. Il l'avait reçue du prêtre qui accompagnait Mgr l'évêque de Saint-Claude, et qui l'avait copiée à Orval en 1793. La cinquième par M. le vicomte d'Hozier, qui l'avait copiée à la même abbaye, à la même époque. La sixième par M. A. Lacordaire, qui l'avait copiée sur celle que la famille Guillemardet d'Autun possède depuis 1794. La septième par M. Rossigneux, professeur au collége d'Autun ; il avait lu cette prophétie dans un petit cahier imprimé en 1800, ès mains de M. Joret.

Les variantes qui existent entre ces sept copies sont insignifiantes ; leur analogie prouve qu'elles ont une origine commune plus ancienne que 1791.

M. le baron de Manonville dit dans son témoignage autographe qu'il se rendit à l'abbaye d'Orval l'avant-dernière fois qu'elle a été pillée, le 20 mai 1793. Alors un des religieux dit à beaucoup de personnes présentes qu'ils s'attendaient depuis longtemps aux malheurs qui arrivaient, et leur lut cette prophétie :

« 1. En ce temps-là, un jeune homme,

venu d'outre-mer dans le pays du Celte-Gaulois, se manifestera par conseils de force.

« 2. Mais les grands qu'il ombragera l'enverront guerroyer dans la terre de la captivité.

« 3. La victoire le ramènera au pays premier.

« 4. Les fils de Brutus moult stupides seront à son approche, car il les dominera et prendra nom : empereur.

« 5. Moult hauts et puissants rois seront en crainte vraie, et son aigle enlèvera moult sceptres et moult couronnes.

« 6. Piétons et cavaliers, portant aigles et sang autant que moucherons dans les airs, courront avec lui dans toute l'Europe, qui sera moult ébahie et moult sanglante; car il sera tant fort que Dieu sera cru guerroyer d'avec lui.

« 7. L'Eglise de Dieu, moult désolée, se consolera tant peu en voyant ouvrir encore les temples à ses brebis tout plein égarées, et Dieu sera béni.

« 8. Mais c'est fait : les lunes sont passées.

« 9. Le vieillard de Sion, maltraité,

criera à Dieu ; et voilà que le puissant sera aveuglé pour péchés et crimes.

« 10. Il quittera la grande ville avec une armée si belle que aucune fut jamais si pareille ; mais oncques guerroyer ne tiendra bon devant la face du temps. La tierce part et encore la tierce part de son armée périra par le froid du Seigneur puissant.

« 11. Alors deux lustres (1) seront passés depuis le siècle de la désolation.

« 12. Les veuves et les orphelins crieront à Dieu.

« 13. Et voilà que les hauts, abaissés, reprendront force ; ils s'uniront pour abattre l'homme tant redouté.

« 14. Voici venir, avec maints guerroyers, le vieux sang des siècles qui reprendra place et lieu en la grande ville. Alors l'homme tant redouté s'en ira, tout abaissé, dans le pays d'outre-mer, d'où il était advenu.

« 15. Dieu seul est grand ! La lune onzième n'aura pas encore relui (2), et le fouet sanguinolent du Seigneur reviendra

(1) Un lustre égale cinq ans
(2) Une lune égale un mois moins un jour.

en la grande ville, et le vieux sang quittera la grande ville.

« 16. Dieu seul est grand ! Il aime son peuple et a le sang en haine. La cinquième lune reluira sur maints et maints guerroyers d'Orient. La Gaule est couverte d'hommes et de machines de guerre : c'est fait de l'homme d'outre-mer.

« 17. Voici encore venir le vieux sang de l'homme de la Cap.

« 18. Dieu veut la paix, et que son nom soit béni. Or, paix grande sera dans le pays du Celte-Gaulois. La fleur blanche sera en honneur moult grand. Les maisons de Dieu ouïront moult saints cantiques.

« 19. Mais les fils de Brutus, haïssant la fleur blanche, obtiennent règlements puissants dont Dieu est encore moult fâché à cause des siens. Le grand jour est encore moult profané.

« 20. Cependant Dieu veut éprouver le retour par dix-huit fois douze lunes (1).

« 21. Dieu seul est grand ! Il purge son peuple par maintes tribulations ; mais toujours les mauvais auront fin.

____

(1) Dix-sept ans et demi.

« 22. En ce temps-là, une grande conspiration contre la fleur blanche cheminera dans l'ombre par mains de compagnies maudites, et le pauvre vieux sang quittera la grande ville, et moult gaudiront les fils de Brutus.

« 23. Les serviteurs de Dieu crieront tout plein à Dieu ; mais Dieu, pour ce jour-là, sera sourd, parce qu'il retrempera ses flèches pour bientôt les mettre au sein des mauvais.

« 24. Malheur au Celte-Gaulois ! Le coq effacera la fleur blanche, et un grand s'appellera roi du peuple.

« 25. Grande commotion se fera sentir chez les gens, parce que la couronne sera placée par mains d'ouvriers qui auront guerroyé dans la grande ville.

« 26. Dieu seul est grand ! Le règne des méchants sera vu croître ; mais qu'ils se hâtent.

« 27. Voilà que les pensées du Celte-Gaulois se choquent, et que grande division est dans l'entendement.

« 28. Le roi du peuple, assis, sera vu en abord moult faible, et pourtant contredira bien des méchants ; mais il n'était pas bien assis, et voilà que Dieu le jette bas.

« 29. Hurlez, fils de Brutus ! appelez par vos cris les bêtes qui vont vous manger.

« 30. Dieu est grand !... quel bruit d'armes ! Il n'y a pas encore un nombre plein de lunes, et voici venir maints guerroyers (1).

« 31. C'est fait. La montagne de Dieu, désolée, a crié à Dieu ; les fils de Juda ont crié à Dieu de la terre étrangère, et voilà que Dieu n'est plus sourd.

« 32. Quel feu va avec ses flèches !

« 33. Dix fois six lunes et pas encore dix fois six lunes ont nourri sa colère.

« 34. Malheur à toi, grande ville !... Voici dix rois (2) armés par le Seigneur... Mais déjà le feu t'a égalée à la terre.

« 35. Pourtant tes justes ne périront pas : Dieu les a écoutés.

« 36. La place du crime est purgée par le feu... Le grand ruisseau a éconduit ses eaux toutes rouges de sang.

(1) Le nombre de lunes qui va être nommé ne sera pas encore accompli, que les faits qui suivent le seront.
(2) On peut entendre par *rois* les chefs de peuple, quels que soient leurs titres officiels.

« 37. La Gaule, vue comme délabrée, va se rejoindre.

« 38. Dieu aime la paix. Venez, jeune prince, quittez l'île de la captivité... Joignez le lion à la fleur blanche.

« 39. Ce qui est prévu, Dieu le veut.

« 40. Le vieux sang des siècles terminera encore longues divisions.

« 41. Lors un seul pasteur sera vu dans la Celte-Gaule.

« 42. L'homme, puissant par Dieu, s'asseyera bien. Moult sages règlements appelleront la paix. Dieu sera cru guerroyer d'avec lui, tant prudent et sage sera le rejeton de la Cap.

« 43. Grâces au Père de la miséricorde ! La sainte Sion rechante dans les temples un seul Dieu grand.

« 44. Moult brebis égarées s'en viendront boire au vrai ruisseau vif.

« 45. Trois princes et rois mettront bas le manteau de l'erreur, et verront clair en la foi de Dieu.

« 46. Un grand peuple de la mer reprendra vraie croyance en deux tierces parts.

« 47. Dieu est encore béni pendant quatorze fois six lunes et six fois treize lunes.

« 48. Dieu seul est grand !... Les biens sont faits : les saints vont souffrir.

« 49. L'homme du mal arrive de deux sangs ; il prend croissance (1).

« 50. La fleur blanche s'obscurcit pendant dix fois six lunes et six fois vingt lunes, puis disparaît pour ne plus reparaître.

« 51. Moult mal, peu de bien seront en ce temps-là. Moult grandes villes périront.

« 52. Israël viendra à Dieu-Christ tout de bon.

« 53. Sectes maudites et fidèles seront en deux parties bien marquées.

« 54. C'est fait : Dieu seul sera cru.

« 55. Et la tierce part de la Gaule et encore la tierce part et demie n'aura plus de croyance, comme aussi les autres gens.

« 56. Et voilà déjà six fois trois lunes et quatre fois cinq lunes qui seront séparées, et le siècle de fin a commencé (2).

(1) Alors naît l'Antechrist.
(2) Ce siècle commence avant la fin de ces trois ans pendant lesquels Hénoch et Hélie combattent l'Antechrist.

« 57. Après le nombre non fait de ces lunes, Dieu combat par ses deux justes, et l'homme du mal a le dessus.

« 58. Mais c'est fait. Le haut Dieu met un mur de feu qui obscurcit mon entendement, et je n'y vois plus.

« 59. Qu'il soit béni à jamais (1). »

PROPHÉTIE DE BLOIS.

Il circule, dans le pays blaisois, une prophétie qui a trait aux événements de l'année 1848 et de l'année 1870. Elle a été faite en 1808 par une Sœur ursuline.

« Sœur Maxime à Sœur Providence des Ursulines.

1848.

« 7. Ils recommenceront donc au mois de février; vous serez sur le point de faire

---

(1) Dieu est infiniment miséricordieux !

La prière et la pénitence sauvèrent Ninive des malheurs qu'il lui réservait à cause de ses iniquités.

Israël, convertis-toi au Seigneur ton Dieu.
(OSÉE, ch. 14, v. 2.)

une cérémonie de vœux, et vous ne la ferez pas.

« 8. Ensuite, avant la moisson, un prêtre de Blois partira pour Paris ; il y restera trois jours, et reviendra ayant soin qu'il ne lui arrive rien. Un autre, qui ne sera pas de Blois, partira ensuite. Il n'ira pas jusque là, parce qu'il ne pourra pas entrer. Il reviendra donc le même jour.

Nota. — Il est reconnu à Blois qu'en juin 1848 cette partie de la prophétie a été accomplie à la lettre

1870.

« 9. Si ce trouble devait être le dernier, on se cacherait dans les blés, et les femmes feraient la moisson, car tous les hommes partiront ; ils n'iront que petit à petit, et ils reviendront.

« 10. Les séminaristes auraient pu partir, mais il ne leur arrivera rien, car ils seront sortis quand les malheurs arriveront ; ils ne rentreront pas même au temps fixé ; pourtant ils auraient pu rentrer (elle répète cela plusieurs fois). Comme la sortie des séminaristes est dans la première quinzaine de juillet, les grands malheurs commenceront donc après cette époque.

« 11. La mort d'un grand personnage sera cachée pendant trois jours.

« 12. Les grands malheurs auront lieu avant les vendanges. Il y aura des signes auxquels vous vous y reconnaîtrez. Ces signes regardent la communauté. Un d'eux est l'élection d'une supérieure qui, devant avoir lieu, ne se fera pas.

« 13. Alors on descendra un matin sur le champ de foire, et on verra les marchands se dépêcher d'emballer. « Et pour- « quoi, leur dira-t-on, emballez-vous si « vite? — Nous voulons, répondront-ils, « aller voir ce qui se passe chez nous. »

Nota. — Cette foire se tenant à Blois entre la sortie et la rentrée des séminaristes, puisque les grands malheurs doivent avoir lieu avant les vendanges, ne peut être que la foire du 25 août; le trouble aura donc commencé ce jour-là.

« 14. Que ces troubles sont effrayants !

« 15. Pourtant ils ne s'étendront pas dans toute la France, mais seulement dans quelques grandes villes, et surtout dans la capitale, où il y aura un combat terrible, et le massacre sera grand.

« 16. Blois n'aura rien. Les prêtres, les religieux auront grand'peur. L'évêque s'absentera dans un château ; quelques prêtres se cacheront ; les églises seront fermées, mais si peu de temps qu'à peine si l'on s'en apercevra : ce sera au plus l'espace de vingt-quatre heures.

« 17. Vous serez vous-mêmes sur le point de partir, mais la première qui mettra le pied sur le seuil de la porte vous dira : Rentrons, et vous rentrerez.

« 18. Avant ce temps, on viendra dans les églises, et l'on fera dire des messes pour les hommes qui seront au combat.

« 19. Quant aux prêtres et aux religieuses, ils en seront quittes pour la peur.

« 20. Mais il faut bien prier, car les méchants voudront tout détruire ; mais ils n'en auront pas le temps.

« 21. Ils périront tous dans le combat.

« 22. Il en périra aussi beaucoup de bons, car on fera partir tous les hommes, il ne restera que les vieillards. (La Sœur semble avoir prédit la dernière circulaire de M. Gambetta.)

« 23. Les derniers cependant n'iront pas loin ; leur absence ne sera tout au plus que de trois jours de marche.

« 24. Ce temps sera court ; ce sera pourtant les femmes qui prépareront les vendanges, et les hommes viendront les faire, parce que tout sera fini.

« 25. Pendant ce temps, on ne saura les nouvelles au vrai que par quelques lettres particulières.

« 26. A la fin, trois courriers viendront. Le premier annoncera que tout est perdu. Le second, qui arrivera pendant la nuit, ne rencontrera dans son chemin qu'un seul homme appuyé sur sa porte. « Vous avez grand chaud, mon ami, lui dira celui-là ; descendez prendre un verre de vin. — Je suis trop pressé, » répondra le courrier. Il lui annoncera qu'un autre doit bientôt venir annoncer une bonne nouvelle, puis il continuera sa route vers le Berry.

« 27. Vous serez en oraison (vers six heures du matin) quand vous entendrez dire que deux courriers sont passés ; alors il en arrivera un troisième, feu et eau, qui qui devra être à Tours à sept heures et qui apportera la bonne nouvelle.

Nota. — Ce courrier feu et eau n'est autre que le chemin de fer.

« 28. Puis on chantera un *Te Deum*, oh ! mais un *Te Deum* comme on n'en a jamais chanté.

« 29. Mais ce ne sera pas celui qu'on croit qui règnera d'abord, ce sera le sauveur accordé à la France, et sur lequel elle ne comptait pas.

« 30. Le prince ne sera pas là, on ira le chercher.

« 31. Cependant le calme renaîtra, et, depuis le moment où le prince remontera sur le trône, la France jouira d'une paix parfaite, et sera plus florissante que jamais pendant vingt ans. »

Nous reproduisons ici, comme preuve de l'authenticité de la prophétie de Blois, la lettre suivante, datée de Bordeaux le 29 septembre ; elle est toute récente, et la grande publicité que lui ont donnée les journaux prouve son importance. Elle était adressée au directeur du journal *la Guienne* :

« Bordeaux, 29 septembre.

« Monsieur le rédacteur,

« Voici ce que vient de me dire une personne parfaitement digne d'être crue, au
sujet de la prophétie de Blois, publiée
dans votre numéro du 28 courant :
« La Sœur Providence, à qui elle est
« adressée par la Sœur Maxime, supé-
« rieure du couvent des Ursulines, à Blois,
« était novice dans le moment même et
« âgée d'environ 30 ans.
« Un jour, la Sœur Maxime lui dit :
« Ma fille, prenez la plume et écrivez ce
« que je vais vous dicter. » La jeune no-
« vice obéit ; mais pendant qu'elle écri-
« vait, ne pouvant en croire ses oreilles et
« soupçonnant peut-être quelque dérange-
« ment dans l'esprit de celle à qui elle
« obéissait, elle ne put s'empêcher de sou-
« rire. « Vous riez ? lui dit alors la supé-
« rieure : eh bien ! pour montrer un jour
« que je dis vrai, je vous annonce *que*
« *vous verrez ces événements.* »
« Or, la Sœur Providence *vit encore au-*
« *jourd'hui à Blois,* âgée d'environ 93 an-

« nées, et chacun peut aller auprès d'elle
« éclairer ses doutes.

« *C'est de la bouche même de cette Sœur*
« *que je tiens ces détails.* »

« Voilà, Monsieur le rédacteur, ce que
je viens d'entendre, et, je le répète, des
lèvres d'une personne vraiment digne de
foi.

« Appuyée sur une origine dont l'authenticité est si facile à vérifier, je ne
m'étonne plus du crédit dont cette prophétie jouit depuis longtemps à Blois, ni
de la grande curiosité qu'elle excite partout en ce moment.

« Agréez, etc., etc.   J. D. »

PROPHÉTIE DE JÉRÔME BOTIN.

Le nécrologe de l'abbaye de Saint-Germain des Prés porte :

Le 10 juillet 1420 mourut Jérôme Botin, de Cahors, âgé de soixante-deux ans, homme recommandable par sa science, sa piété et sa sainteté ; qu'il repose en paix.

Au nom du Seigneur qui a créé toutes

choses, voici les paroles que l'Esprit a dictées à Jérôme, serviteur du Seigneur, écrites au monastère de Saint-Germain des Prés, à Paris.

« L'an mil quatre cent dix de la Conception, le souverain pontife Jean XXIII gouvernant l'Eglise de Dieu sous le règne de Charles VI, voici ce que l'Esprit lui a dicté :

« Malheur aux peuples, aux princes et aux rois qui gouvernent les peuples, parce qu'il viendra des temps de deuil et de chagrin ! Le vent de la tribulation divisera et dispersera les hommes, et la terre sera couverte du sang des clercs, des nobles et du peuple. Malheur à ceux qui portent le glaive, parce que leurs épées seront teintes de leur sang !... Les temps où ces choses viendront ne sont pas éloignés, a dit l'Esprit. Un siècle s'écoulera (1), et l'héritage du Seigneur sera divisé (2); et à cause de cet héritage les princes combattront contre les princes, les peuples contre les peuples ; et l'intérêt, sous le masque de la réforme,

(1) Le xve siècle.
(2) La Réforme de Luther.

tentera de tout renverser ; et, après un autre siècle (1), l'héritage du Seigneur sera sauvé, parce que sa main est au dessus de la main des plus puissants. C'est ce que m'inspire l'Esprit.

« Malheur à la mer, malheur à la terre et à ceux qui l'habitent maintenant et pour un siècle! Malheur aux Gaulois et aux habitants des îles (2), parce que l'héritage du Seigneur s'éloignera d'eux ! Et il y aura chez eux de grands gémissements pour le reste de cet héritage, a dit l'Esprit.

« Après un autre siècle (3) ou à peu près, l'héritage du Seigneur ne sera plus divisé, au moins pour les Gaulois ; il règnera sur eux un roi dont il est écrit (4) : « Arme-toi de ton épée et la mets à ton « côté. » Prince très-puissant, il réunira les rois, les princes et les peuples ; il gouvernera avec sagesse et puissance. C'est ce que dit l'Esprit. Son règne très-long sera un règne de justice et de force ; il

(1) Le xvi⁰ siècle.
(2) La Réforme d'Angleterre.
(3) Le xvii⁰ siècle
(4) Louis XIV.

sera en grande vénération, et sa mémoire sera florissante.

« Et après un autre siècle (1), les princes de la terre et tous les peuples trembleront de fureur (2) ; et ce temps sera un temps de désespoir et d'iniquité, et on trouvera à peine un seul homme qui fasse le bien. C'est ce que le Seigneur m'inspire d'annoncer. Alors il règnera en France un prince (3), l'oint du Seigneur, homme doué de vertus, de douceur ; et les ouvriers d'iniquité mettront sa tête à prix, épuiseront contre lui leur malice, le réduiront en captivité, et sa fin sera plus malheureuse que le commencement, a dit l'Esprit.

« Après avoir mis en captivité lui et les siens, les princes et les grands seront entraînés à leur perte, et il y aura alors un grand deuil dans l'Eglise du Seigneur : il ne demeurera pas pierre sur pierre ; les autels, les temples seront détruits ; les vierges consacrées au Seigneur seront outragées. Ces hommes d'iniquité s'enivre-

(1) Le xviiie siècle.
(2) La Révolution de France.
(3) Louis XVI.

ront de folie, car ils auront des signes à leur tête et sur leurs édifices, a dit l'Esprit.

« Malheur aux princes et aux grands, parce que leur pouvoir sera détruit! Malheur aux peuples, parce que leurs mains seront teintes de sang! Malheur à ceux qui les gouvernent, parce qu'ils marcheront dans les sentiers d'iniquité, et qu'ils auront été enivrés du sang d'un roi innocent, des grands et du peuple, et que leur domination sera une domination de perversité, et leur règne un règne d'abomination, et que dans peu ils seront écrasés et périront! C'est ce que dit l'Esprit.

« Malheur aux princes et aux grands, malheur au peuple, parce que son roi sera immolé comme une brebis, ses prêtres seront tués, d'autres seront dispersés! Et ceux qui auront fait ces choses diront *amen*.

« Oui, malheur, mille fois malheur au peuple qui s'est révolté contre l'autorité et qui a renversé les lois! Il a arraché de la prospérité jusqu'à la racine; il a brisé ses lis. L'aigle (1) planera sur lui; il ra-

______
(1) Bonaparte.

vira et détruira sa proie, a dit l'Esprit. La terre sera couverte du sang de ses habitants.

« Ses enfants armés du glaive périront par l'épée, et ces maux innombrables, dit le Seigneur, n'apaiseront point ma colère. Mon bras sera levé sur lui; il sera frappé de la verge de ma justice et du bâton de ma fureur, et la main qui l'opprimera sera l'instrument de ma colère sur lui et sur les nations. C'est ce que dit l'Esprit.

« Mais après que quatre siècles seront plus qu'écoulés (1), les autels de Belzébuth seront détruits. Les ouvriers d'iniquité seront détruits et périront. La rosée du ciel descendra sur la terre désolée et sur l'Eglise éplorée, et il y aura un enfant du sang des rois que donneront les gens d'Artois; il gouvernera avec prudence et honneur la France, et l'esprit du Seigneur sera avec lui. C'est ce qu'a dit l'Esprit.

« Avant la fin du xviiie siècle, les ministres des autels pleureront et souffriront persécution pour la justice; le pasteur sera frappé et le troupeau dispersé. Ce ne sera

____

(1) xixe siècle. Restauration.

qu'après ce siècle (1) qu'il y aura un autre pasteur qui conduira les peuples dans l'équité et les rois dans la justice ; il sera honoré des princes et des peuples. Mais avant qu'il ait établi son empire, que celui qui n'a point fléchi devant Baal fuie du milieu de la nouvelle Babylone, dit l'Esprit.

« Que chacun ne pense qu'à sauver sa vie, parce que voici le temps où le Seigneur doit, par la grandeur de ses vengeances, montrer la grandeur des crimes dont elle est souillée ; il va faire retomber sur elle les maux dont elle a accablé les autres.

« Le Seigneur a présenté par la main de cette ville impie, désolatrice des peuples, meurtrière de ses prêtres, de ses rois et de ses propres enfants, le calice de ses vengeances à tous les peuples de la terre. Toutes les nations ont bu du vin de sa fureur ; elles ont souffert toutes les agitations de sa captivité et de sa barbarie. Mais en un moment Babylone est tombée, et elle s'est brisée dans sa chute, a dit l'Esprit.

(1) Dans le XIXᵉ siècle.

« Tout ceci larrivera pour épurer les bons et perdre les méchants, faire honorer l'Eglise de Dieu, faire craindre et servir le Seigneur.

« Telles sont les paroles que l'Esprit a manifestées à son serviteur Jérôme, qu'il a écrites d'après ses ordres, et dont la vérité sera reconnue dans le temps. Ainsi soit-il. »

PRÉDICTION D'UNE RELIGIEUSE DE BELLEY.

FRAGMENT (1).

« ... Alors Dieu détourne sa main de celui qui aura signé ces arrêts injustes (2) ; et le jour de la fête des siens son exil sera décidé. Les méchants triompheront ; la Seine charriera des cadavres ; le sang coulera sur et sous les pierres de la grande ville ; des femmes, des enfants périront. Ceci arrivera avant la fin de juillet 1830.

(1) Prophéties d'une religieuse de Belley, publiées par M. de la Marne. Paris, chez Hivert, quai des Augustins, et Demonville.—Exposé des différentes prédictions sur l'avénement du pontife saint et du monarque fort, p. 34, 1832. Paris.
(2) Expulsion des Jésuites.

« Et pendant le mois d'août une branche glorieuse des Bourbons sera coupée ; un Bourbon doit périr, un autre avant sera élevé...

« Avant la fin de l'année il tremblera ; ceux qui l'auront élevé tressailleront.

« Je vois la faim les poursuivre, et du sang couler. Des drapeaux funèbres s'élèvent ; tout est perdu pour eux.

« Ils semblent triompher encore, les insensés ; ils se rient de Dieu.

« Les temples sont fermés, les ministres divins fuient, le grand sacrifice cesse.

« Malheur, malheur à la cité corrompue !

« Un nouvel an paraît. Le grand Pontife meurt.

« Ils ne s'entendent plus. Fuyez, enfants de Dieu, fuyez : le jour des morts est arrivé.

« Des cris retentissent de toutes parts : Vive la république ! Vive .....! Vive .....! Vive .....! Quelle confusion! Le feu, le sang, la faim, tout l'enfer !

« Malheur, malheur, trois fois malheur à la cité de sang ! malheur à la cité de l'hérésie ! malheur à la cité du crime !

« Les méchants veulent tout détruire ; leurs livres, leurs doctrines inondent le monde.

« Le jour de la justice est venu. Je vois, à l'aspect de celui qu'on a méconnu, le monde fléchir et tomber.

« Une femme l'a sauvé, une femme le suit. Un ministre du Très-Haut le soutient. Ce ministre vient d'être oint de l'huile sainte ; Dieu les accompagne : voilà votre roi.

« Il paraît au milieu de la confusion, de l'orage. Quel affreux moment ! Les bons, les méchants tombent. Babylone est réduite en cendres. Malheur à toi, ville maudite !

« Je vis alors les clefs lumineuses paraître vers le Nord. Un *saint* lève les mains au ciel ; il apaise la colère divine.

« Il monte sur le trône de saint Pierre.

« Le *grand monarque* monte sur celui de ses pères ; le trône est posé au Midi.

« Tout s'apaise à leur voix. Les autels se relèvent, la religion renaît, les méchants sont détruits et confondus, les injustices se réparent. Le grand monarque de sa main réparatrice a tout sauvé. »

PRÉDICTIONS RECUEILLIES

PAR JEAN DE VATIGUERRO

VULGAIREMENT ATTRIBUÉES A SAINT CÉSAIRE, ÉVÊQUE D'ARLES (1).

J'ai toujours gardé le silence et je suis resté muet; mais maintenant je veux parler, à cause des événements prodigieux que j'ai appris, que j'ai soigneusement recueillis, parcourant, pour pouvoir parler avec plus de certitude, diverses parties du monde, tant en deçà qu'au delà de la mer, feuilletant de nombreux volumes, tant des livres saints que des philosophes, des poëtes, des docteurs et des interprètes les plus fameux de l'Ecriture. Dans ces recherches diverses, j'ai étanché la soif de connaissances qui me dévorait, et j'ai rassemblé suffisamment de matériaux sur les événements étonnants qui arriveront dans le monde jusqu'à sa fin, et surtout dans certaines parties des Gaules.

Quelques personnes, pendant que j'étais

(1) *Liber mirabilis*, édit. de 1524. 1 vol. in-12.

en Chaldée, à Phéboch, près du mont Cobar, m'ont exposé, dans toute leur vérité, des faits relatifs à l'année 1300. Trois docteurs et plusieurs autres professeurs en théologie, avec qui je m'entretenais de révélations chaldéennes, m'ont confirmé ce qui va suivre.

PRÉDICTIONS. — D'après moi, Jean de Vatiguerro, de l'année du Seigneur 1490 à l'année du même Seigneur 1525 (1), il arrivera ici-bas beaucoup de maux, si grands et si divers que depuis le commencement du monde il n'y aura jamais eu de bouleversement pareil, ni des malheurs si nombreux, si étonnants, si dignes d'admiration.

En effet, dans l'année du Seigneur 1502 commenceront toutes les douleurs, parce que, en cette année, la mortalité et la peste ravageront et affligeront tout l'univers d'une manière étonnante. Aussi presque la moitié des hommes mourra, et cela dans l'espace

(1) L'auteur qui a recueilli ces prédictions paraît avoir suivi l'ère de Dioclétien ou des martyrs, souvent usitée à cette époque ; il faut dès lors ajouter 284 ans à chacune de ces dates.

de soixante-cinq mois, pendant lesquels la peste durera et au delà, quoique pendant sa durée elle parcourra tantôt un pays, tantôt un autre.

De plus, l'an du Seigneur 1503, de grands maux se prépareront dans l'avenir ; à cette époque se trameront des séditions, des conspirations horribles qui, dans ces années, ne produiront pas toutes leur effet, car quelques unes ne devront éclater que plus tard.

En outre, vers l'an du Seigneur 1504 ou au delà, le prince le plus grand et le plus auguste roi de tout l'Occident sera mis en fuite et éconduit dans un combat étonnant, et presque toute sa noble armée sera tuée d'une manière surprenante ; il y aura surtout une défaite honteuse, une ruine lamentable et un massacre de beaucoup de grands et puissants seigneurs. C'est pourquoi le commerce sera anéanti ; bien plus, avant que la paix soit rétablie entre les Français, le premier événement, tel qu'il a été dit ou encore pire, arrivera honteusement et étonnamment par plusieurs fois. Dans une de ces épreuves, le très-noble prince sera mis en captivité par ses ennemis à la suite d'un événement lamentable, et il s'affligera douloureusement à cause des siens.

L'aigle volera par le monde et se soumettra plusieurs nations, vers l'an du Seigneur 1507 ou au delà ; il sera couronné de trois diadèmes en signe de victoire et de valeur ; ensuite il rentrera dans son nid, d'où il ne sortira plus que pour s'élever glorieusement vers le ciel. Ses petits se feront mutuellement la guerre, et s'arracheront l'un à l'autre leur proie ; alors dans l'Occident redoublement de maux et de douleurs, et l'an du Seigneur 1510 ou au delà éclatera une horrible sédition à cause du roi des Français prisonnier. Presque la majeure partie de l'Occident sera détruite par les ennemis ; c'est pourquoi on ressentira en plusieurs lieux des tremblements de terre extraordinaires et violents, et la gloire des Français se convertira en opprobre et en confusion ; car le lis sera privé et dépouillé de sa noble couronne, et on la donnera à un autre auquel elle n'appartient pas, et le Français sera humilié jusqu'à la confusion, et plusieurs diront : La paix, la paix, la paix ! et il n'y aura point de paix ; et alors paraîtront à découvert des séditions judiciaires, des conspirations, des confédérations inouïes des cités plébéiennes, et il y aura dans le monde une si grande désunion, que personne ne saurait en aucune manière s'en faire une idée.

Et avant que le monde arrive à l'année du Seigneur 1516, le royaume des Français sera envahi de toutes parts, saccagé et laissé presque détruit et anéanti, parce que les administrateurs de ce royaume seront si aveuglés qu'ils ne pourront trouver un défenseur, et la main et la colère du Seigneur s'appesantiront furieusement sur les Français et contre tous les grands et les puissants de tout ce royaume.

Les cités les plus fortes et les plus puissantes seront prises, et l'on se livrera des batailles. Il apparaîtra dans les corps célestes des signes nombreux et frappants qui annonceront les événements prédits et beaucoup d'autres qui doivent les suivre : et comme, par la volonté divine, l'état du monde sera bientôt changé, par elle aussi les serviteurs remplis de ruse, d'orgueil et de fureur se révolteront contre leurs maîtres; et presque tous les nobles, sans exception, seront mis à mort, cruellement chassés et dépouillés de leurs dignités et de leurs pouvoirs, *parce que le peuple se fera un roi d'après son pur caprice;* et l'on ne pourra rien obtenir du peuple. Au contraire, il y aura une surprenante et cruelle défaite et tuerie de rois, de ducs et de barons; et toute la terre sera saccagée et pillée par des brigands et des voleurs, qui se multiplieront et qui prévaudront; ils ravageront particulièrement tout le pays de France. Et ces choses arriveront vers l'an du Seigneur 1518, un peu avant ou un peu après. Une année déterminera l'autre.

Plusieurs villes éprouveront des commotions et feront de nouvelles constitutions, à cause desquelles elles s'isoleront et règneront dans leurs limites; mais elles resteront dans la désolation; les camps les plus fortifiés seront pris, pillés et détruits, et beaucoup de veuves seront privées de leurs enfants. Qu'un chacun se garde de son voisin, car les hommes seront victimes de leurs voisins qui les dépouilleront par d'affreux brigandages et les mettront à mort. Personne ne tiendra sa parole; mais on se trompera et l'on se trahira l'un l'autre. On ne cherchera plus le bien et l'avantage de l'Etat, il n'en sera plus question; ce sera le règne de la partialité et de l'égoïsme. Alors la vengeance divine s'appesantira généralement et spécialement sur tous les hommes : elle sera évidente et manifeste. Les Turcs et les Albanais détruiront plusieurs îles chrétiennes. Les Grecs envahiront un royaume des Latins et le ruineront entièrement. L'Arménie, la Phrygie, la Dacie et la Norwége seront cruellement subjuguées par leurs ennemis; elles seront pillées et dévastées d'une manière irréparable. Plusieurs villes et plusieurs forts sur le Pô, le Tibre, le Rhône, le Rhin et la Loire seront renversés par des inondations extraordinaires et par des tremblements de terre. Les royaumes de Chypre, de Sardaigne, d'Arles, seront affreusement et honteusement dévastés, pillés et presque détruits par la volonté divine. Entre les Aragonais et les Espagnols il y aura des troubles et une grande division, et ils se feront mutuellement la guerre, et il n'y aura point de paix entre eux jusqu'à ce qu'un de leurs royaumes soit entièrement détruit.

Avant que le monde arrive à l'année du Seigneur 1525, l'Eglise universelle et le monde entier gémiront sur la prise, la spoliation et la dévastation de la plus illustre et de la plus fameuse cité, capitale et maîtresse de tout le royaume des Français. Toute l'Eglise, dans tout l'univers, sera persécutée d'une manière lamentable et douloureuse; elle sera dépouillée et privée de tous ses biens temporels, et il n'y aura si grand personnage dans toute l'Eglise qui ne se trouve heureux d'avoir la vie sauve. Car toutes les églises seront souillées et profanées, et tout culte public cessera, à cause de la crainte et de l'emportement de la rage la plus furieuse.

Les religieuses, quittant leurs monastères, fuiront çà et là, flétries et outratragées. Les pasteurs de l'Eglise et les grands, chassés et dépouillés de leurs dignités et de leurs prélatures, seront cruellement maltraités; les brebis et les sujets prendront la fuite, et resteront dispersés sans pasteur et sans chef.

Le chef suprême de l'Eglise changera

de résidence, et ce sera un bonhéur pour lui, ainsi que pour ses frères qui seront avec lui, s'ils peuvent trouver un lieu de refuge où chacun puisse avec les siens manger seulement le pain de la douleur dans cette vallée de larmes. Car toute la malice des hommes se tournera contre l'Eglise universelle, et par le fait elle sera sans défenseur pendant vingt-cinq mois et plus, parce que, pendant ledit espace de temps, il n'y aura ni pape ni empereur à Rome, ni régent en France.

Le monde n'estimera que ceux qui seront portés au mal et à la vengeance. Hélas! les douleurs causées par tous les tyrans, les empereurs et les princes infidèles seront renouvelées par ceux qui persécuteront la sainte Eglise. En effet, la malice et l'impiété des Huns, et la cruelle inhumanité des Vandales, ne seront rien en comparaison des nouvelles tribulations, des calamités et des douleurs qui dans peu accableront la sainte Eglise; car les autels de la sainte Eglise seront détruits, les parvis des temples profanés, les monastères souillés et spoliés, parce que la main et la colère de Dieu exerceront leur vengeance contre le monde à cause de la multitude et de la continuité des péchés.

Tous les éléments seront altérés, parce qu'il est nécessaire que tout l'état du siècle soit changé. En effet, la terre, saisie de crainte, éprouvera en plusieurs lieux des secousses effrayantes et engloutira les vivants ; nombre de villes, de forteresses et de châteaux-forts s'écrouleront et seront renversés à cause des tremblements de terre. Les productions de la terre diminueront ; tantôt les plantes manqueront d'humidité, et tantôt les semences pourriront dans les champs, et les germes qui s'élèveront ne donneront pas de fruits. La mer mugira et s'élèvera contre le monde, et elle engloutira plusieurs navires et leurs équipages. L'air sera infecté et corrompu à cause de la malice et de l'iniquité des hommes. On verra dans le ciel des signes nombreux et très-surprenants : le soleil sera obscurci, et il paraîtra couleur de sang aux yeux de plusieurs personnes. On verra une fois, pendant environ quatre heures, deux lunes en même temps ; auprès d'elles apparaîtront plusieurs choses étonnantes et dignes d'admiration. Des étoiles se choqueront, ce qui sera le signal de la destruction et du massacre de presque tous les hommes. Le cours naturel de l'air sera presque totalement changé et perverti à cause des maladies pestilentielles. Les hommes, aussi bien que les animaux, seront frappés de diverses infirmités et de mort subite ; il y aura une peste inénarrable ; il y aura une étonnante et cruelle famine qui sera si grande et telle partout l'univers, et surtout dans les régions de l'Occident, que, depuis le commencement du monde, jamais on n'a entendu parler d'une semblable. La pompe des nobles disparaîtra, les sciences mêmes et les arts périront, et pendant un court espace de temps, l'ordre entier du clergé restera dans l'humiliation. La Lorraine sera dépouillée et plongée dans le deuil, et la Champagne implorera en vain le secours de ses voisins ; il ne lui en sera point donné, mais elle sera saccagée, pillée, et elle demeurera douloureusement dans la dévastation. Ce seront l'Irlande, la Sicile et l'Angleterre qui l'envahiront et la dévasteront. Mais vers l'an du Seigneur 1515, un peu avant ou après, ces provinces seront secourues par *un jeune captif* qui étendra sa domination sur tout l'univers. Une fois bien établi, il détruira les fils de Brutus et leur île, en sorte qu'il n'en sera plus question et qu'ils demeureront à jamais anéantis. Voilà ce qui concerne les tribulations qui doivent avoir lieu avant le rétablissement de la chrétienté.

Mais après que l'univers entier aura été en proie à des tribulations et à des misères si grandes et si nombreuses, pour que les créatures de Dieu ne restent pas entièrement sans espérance, il sera élu par la volonté de Dieu un Pape parmi ceux qui auront échappé aux persécutions de l'Eglise, et ce sera un homme très-saint et doué de toute perfection, et il sera couronné par les saints anges et placé sur le Saint-Siége par ses frères qui, avec lui, auront survécu aux persécutions de l'Eglise et à l'exil.

Ce Pape réformera tout l'univers par sa sainteté, et ramènera à l'ancienne manière de vivre, conformément aux disciples du Christ, tous les ecclésiastiques ; et tous le respecteront à cause de ses éminentes vertus ; il prêchera nu-pieds et ne craindra pas la puissance des princes. Aussi il en ramènera plusieurs au Saint-Siége en les tirant de leurs erreurs et de leur vie criminelle. Il convertira presque tous les infidèles, mais principalement les juifs.

Ce Pape aura avec lui un empereur, homme très-vertueux, qui sera des restes du sang très-saint des rois des Français. Ce prince lui sera en aide et lui obéira en tout pour réformer l'univers, et sous ce Pape et cet empereur l'univers sera réformé, parce que la colère de Dieu s'apaisera. Ainsi il n'y aura plus qu'une loi, une foi, un baptême, une manière de vivre. Tous les hommes auront les mêmes sentiments et s'aimeront les uns les autres, et la paix durera pendant de longues années,

Mais après que le siècle aura été réformé, il paraîtra de nouveau plusieurs signes dans le ciel, et la malice des hommes se réveillera. Ils retourneront à leurs anciennes iniquités et à leur détestable méchanceté, et leurs crimes seront pires que les premiers : c'est pourquoi Dieu amènera et avancera la fin du monde.

RÉFLEXIONS SUR CETTE PROPHÉTIE.

Cette prophétie présente un tableau vraiment frappant des crimes et des désastres de la Révolution française de 1793 ; beaucoup d'événements annoncés regardent l'avenir. Au milieu des faits accomplis s'en trouvent indiqués plusieurs autres qui ne se sont point réalisés. D'un autre côté, les dates données par Jean de Vatiguerro ne se rapportent point avec les événements, quoiqu'elles s'en rapprochent beaucoup plus d'après l'ère de Dioclétien ou des martyrs qu'en suivant l'ère vulgaire. Mais il faut remarquer que Vatiguerro, dans son avant-propos, ne se donne point pour prophète ; il n'a fait que recueillir, dans les anciens et dans les recherches qu'il a faites dans ses nombreux voyages, les prédictions qu'il publie, auxquelles sans doute il a mêlé beaucoup du sien dans les dates qu'il indique. Ce qui le prouve, c'est l'incertitude où il paraît être lui-même sur les époques dans plusieurs endroits. C'est ainsi qu'il dit souvent : *un peu avant ou après ;* ce qui prouve qu'il n'était nullement sûr lui-même de ces dates.

PROPHÉTIE SUR LA SUCCESSION DES PAPES,

ATTRIBUÉE A SAINT MALACHIE (1).

On a attribué à saint Malachie une prophétie sur la succession des Papes, que beaucoup de critiques regardent comme n'étant point émanée de ce saint. Ils se fondent sur ce que saint Bernard qui a écrit la vie de saint Malachie, et Ange Manrique qui a rédigé les annales de Cîteaux et qui dit avoir eu en sa possession tous les papiers du saint, ne disent rien de cette prophétie. Le P. Ménestrier l'attribue à un moine du Mont-Cassin, nommé Arnold de Vion, qui la publia en 1595.

'Cette prédiction désigne par une qualité tous les Papes qui doivent se succéder sur le siége de saint Pierre, depuis 1700 jusqu'à la fin du monde. Le titre donné à certains Papes s'accorde si bien avec leur

(1) Citée dans beaucoup d'ouvrages et entre autres dans le Dictionnaire de Moreri, article *Malachie.*

vie, que cette prédiction jouit depuis long-temps d'une grande popularité.

Flores circumdati.
Les fleurs environnées. Clément XI. Il avait les fleurs de l'éloquence en particulier, et il était de l'académie de la reine Christine de Suède.

De bona religione.
De la bonne religion. Innocent XIII.

Miles in bello.
Soldat à la guerre. Benoît XIII.

Columna excelsa.
La colonne élevée. Clément XII.

Animal rurale.
L'animal de la campagne. Benoît XIV.

Rosa umbria.
La rose de Toscane. Clément XIII.

Visus velox, vel ursus velox.
La vue perçante, ou l'ours léger. Clément XIV.

Peregrinus apostolicus.
Le pélerin apostolique. Pie VI.

Aquila rapax.
L'aigle ravisseur. Pie VII.

Canis et coluber.
Le chien et le serpent. Léon XII.

Vir religiosus.
L'homme religieux. Pie VIII.

De balneis Etruriæ.
Des bains de Toscane. Grégoire XVI.

Crux de cruce.
La croix de la croix. Pie IX.

Lumen in cœlo.
La lumière dans le ciel.

Ignis ardens.
Le feu ardent.

Religio depopulata.
La religion dépeuplée.

Fides intrepida.
La foi intrépide.

Pastor angelicus.
Le pasteur angélique.

Pastor et nauta.
Pasteur et marinier.

Flos florum.
La fleur des fleurs.

De medietate lunæ.
De la moitié de la lune.

De labore solis.
Du travail du soleil.

De gloria olivæ.
De la gloire de l'olive.

*In persecutione extrema romanæ Ecclesiæ se-
debit Petrus romanus, qui pascet oves in multis
tribulationibus, quibus transactis, civitas septi-
collis diruetur, et Judex tremendus judicabit po-
pulum.*

Dans la dernière persécution de la
sainte Eglise romaine, il y aura un Pierre
romain élevé au pontificat : celui-là paîtra
ses brebis au milieu de grandes tribulations ; et ce temps fâcheux étant passé, la
ville aux sept montagnes sera détruite, et
le Juge redoutable jugera le monde.

PROPHÉTIE

ATTRIBUÉE AU GRAND PROPHÈTE JÉRÉMIE

Tirée du livre intitulé : *Liber mirabilis,*
publié en 1524.

Le schisme renaîtra; alors il y aura deux
époux, l'un vrai et l'autre adultère ; mais
l'adultère sera dans l'Eglise qui sera nom-

mée diabolique... Alors il y aura une si grande effusion de sang, qu'il n'y en aura jamais eu de pareille depuis la race des géants. Le légitime époux s'enfuira ; mais un lion se lèvera, et un aigle noir venant de fort loin paraîtra et arrachera ses petits de son nid avec des ailes qui paraîtront dorées. Alors commenceront des tribulations et des combats, tant sur terre que sur mer... On criera : La paix, la paix ! et l'on ne l'obtiendra pas. Le nom du Seigneur sera blasphémé sans aucune raison ; alors chacun sera opprimé sur terre par les agents de sa propre autorité... Malheur à vous, ville où résident les philosophes ; et vous, gens riches et opulents ; et vous, nobles, encore plus ; mais sur la fin des temps vous vous réjouirez.

Les nobles seront dépouillés de leurs biens et de leurs dignités.

Les administrateurs d'un royaume seront tellement aveuglés, que la main de Dieu s'étendra sur eux et sur les riches.

Les autels seront détruits.

Les vierges saintes seront outragées ; elles s'enfuiront de leurs monastères.

Les pasteurs seront chassés de leurs siéges, et l'Eglise sera dépouillée de ses biens temporels.

Mais un lion, accourant des pays de la Ligurie, paraîtra et frappera la tête de l'aigle noir.

Malheur à toi, ville opulente! De nouveaux combats recommenceront tant sur terre que sur mer.

Un seul pasteur recevra, dans l'Eglise de Dieu, l'Eglise des cardinaux, et l'époux prédit sera traité avec beaucoup de douceur; alors les temps de l'Eglise deviendront plus tranquilles.

Il s'élèvera une guerre universelle, et l'un des deux époux perdra la vie après s'être évadé clandestinement.

Alors la tête de l'Italie sera dans la ville de Vérone. De nouveaux combats recommenceront; mais l'époux prédit sera élevé avec beaucoup de dignité... Alors les Eglises temporelles seront autorisées dans l'Eglise de Rome, et, par l'entremise d'un Pontife, il se fera une paix générale.

Un roi et empereur, prédit depuis très-longtemps, règnera dans son royaume. Tous les tyrans seront chassés de l'Eglise de Dieu ; tout sera gouverné par l'autorité du monarque ; l'unanimité des fidèles croira en lui, parce qu'elle le regardera comme l'époux prédit, et personne ne pensera plus à d'autre schisme jusqu'au temps de l'*Antechrist.* On préparera un passage pour le monarque prédit et pour les nations qu'il conduira avec lui les armes à la main ; il sera toujours heureux dans les guerres qu'il entreprendra. Alors il se fera une conversion générale par la foi du Christ et par l'entremise du roi prédit, et ils seront dans l'allégresse, parce qu'ils seront amis pour toujours.

LETTRE DE MARIE LATASTE.

(Extraite de ses Œuvres.)

...Un jour de la fête de l'Immaculée Conception, j'étais venue prier devant l'autel de Marie longtemps avant la célébration de la sainte messe. J'avais rendu mes hommages à Marie conçue sans péché ; j'avais félicité Notre-Seigneur Jésus-Christ d'avoir une créature si privilégiée pour Mère. Je m'associai de tout cœur à la croyance de l'Eglise, et m'unis à tous les fidèles qui, en ce jour, rendaient honneur à Marie. J'eus le bonheur de communier. Quand Jésus fut dans mon cœur, il me dit ainsi : « Ma fille, vos hommages ont été agréés par ma Mère et aussi par moi. Je veux vous remercier et vous récompenser de votre piété par une nouvelle qui vous fera plaisir. Le jour va venir où le ciel et la terre se concerteront ensemble pour donner à ma Mère ce qui lui est dû dans la plus grande de ses prérogatives. Le pé-

ché n'a jamais été en elle, et sa conception a été pure et sans tache et immaculée
comme le reste de sa vie. Je veux que sur
la terre cette vérité soit proclamée et reconnue par tous les chrétiens. Je me suis
élu un Pape, et j'ai soufflé dans son cœur
cette résolution. Il aura dans sa tête cette
pensée toujours pendant qu'il sera Pape. Il
réunira les évêques du monde pour entendre leurs voix proclamer Marie immaculée dans sa conception, et toutes les
voix se réuniront dans sa voix. Sa voix
proclamera la croyance des autres voix et
retentira dans le monde entier. Alors, sur
la terre, rien ne manquera à l'honneur de
ma Mère. Les puissances infernales et leurs
suppôts s'élèveront contre cette gloire de
Marie ; mais Dieu la soutiendra de sa force,
et les puissances infernales rentreront
dans leur abîme avec leurs suppôts. Ma
Mère apparaîtra au monde sur un piédestal
solide et *inrenversable;* ses pieds seront
de l'or le plus pur, ses mains comme de
la cire blanche fondue, son visage comme
un soleil, son cœur comme une fournaise
ardente ; une épée sortira de sa bouche et
renversera ses ennemis et les ennemis de

ceux qui l'aiment et l'ont proclamée sans tache.

« Ceux de l'Orient l'appelleront *la Rose mystique*, et ceux du Nouveau-Monde, *la Femme forte*. Elle portera sur son front, écrit en caractères de feu : « Je suis la « ville du Seigneur, la protectrice des op- « primés, la consolatrice des affligés, le « rempart contre les ennemis. » Or l'afflic- tion viendra sur la terre, l'oppression rè- gnera dans la cité que j'aime et où j'ai laissé mon cœur; elle sera dans la tris- tesse et la désolation, environnée d'enne- mis de toutes parts, comme un oiseau pris dans les filets. Cette cité paraîtra succom- ber pendant trois ans, et un peu de temps encore après ces trois ans. Mais ma Mère descendra dans la cité; elle prendra les mains du vieillard qui sera assis sur un trône et lui dira : « Voici l'heure, lève-toi. « Regarde tes ennemis, je les fais dispa- « raître les uns après les autres, et ils dis- « paraissent pour toujours. Tu m'as rendu « gloire au ciel et sur la terre, je veux te « rendre gloire sur la terre et au ciel. Vois « les hommes, ils sont en vénération de- « vant ton nom, en vénération devant ton

« courage, en vénération devant ta puis-
« sance. Tu vivras et je vivrai avec toi.
« Vieillard, sèche tes larmes, je te bénis. »

« La paix reviendra dans le monde parce
que Marie soufflera sur les tempêtes et les
apaisera ; son nom sera loué, béni, exalté
à jamais. Les captifs reconnaîtront lui de-
voir leur liberté, et les exilés la patrie, et
les malheureux la tranquillité et le bonheur. Il y aura entre elle et tous ses pro-
tégés un échange mutuel de prières et de
grâces, et d'amour et d'affection, et de l'o-
rient au midi, du nord au couchant, tout
proclamera Marie, Marie conçue sans péché, Marie reine de la terre et des cieux. »
Amen !

(*La Vie et les Œuvres de Marie Lataste.*
2e édit., t. II et III.)

PRÉDICTIONS D'ANNA-MARIA TAÏGI.

Anna-Maria Taïgi était une femme romaine morte en odeur de sainteté le 9 juin 1837. Elle est célèbre par les dons surnaturels dont elle fut gratifiée. On nous a plusieurs fois demandé de rapporter ses prédictions relatives à plusieurs Souverains Pontifes. Nous nous bornerons à donner quelques extraits de sa vie, publiée tout récemment par un religieux trinitaire et approuvée par Mgr l'évêque de Soissons.

Les choses extraordinaires que renferme cet ouvrage doivent être accueillies sous la réserve du jugement du Saint-Siége, qui est seul souverain en ces matières. Ce jugement pourra intervenir dans le procès de canonisation de cette servante de Dieu, qui déjà est introduit.

Voici comment s'explique le confesseur même d'Anna-Maria :

« J'allai avec la servante de Dieu visiter le crucifix de Saint-Paul hors les murs,

Le cardinal Cappellari (qui fut plus tard Grégoire XVI) y vint après. Anna-Maria occupait l'unique prie-Dieu qui se trouvât dans la chapelle. J'essayai de la secouer, afin qu'elle cédât la place au cardinal ; mais elle était en extase et ne s'aperçut de rien. Le bon cardinal me fit signe de la laisser tranquille et s'agenouilla devant la balustrade. Anna-Maria, revenue de son sommeil extatique, se mit à regarder fixement son soleil, puis le cardinal. En retournant à Rome, je la questionnai sur ce regard fixe qu'elle avait arrêté quelque temps sur le cardinal Cappellari. Comme elle devait par obéissance me découvrir toutes choses, elle me dit franchement : « C'est le Pape futur. »

« A l'époque où Anna-Maria prédit l'élection du cardinal Cappellari, Pie VIII n'était pas très-bien. Elle commença dès lors à faire de ferventes prières pour lui ; il mourut quelques mois après. Pendant la vacance du Saint-Siége et durant les conclaves, la servante de Dieu redoublait ordinairement ses prières et ses pénitences, pour qu'il plût à Dieu de donner à son Église un Pasteur capable de la gou-

verner et de la défendre. Le conclave s'é-
tant donc réuni, Anna-Maria vit de nouveau paraître les signes de l'élection du
cardinal Cappellari : une petite colombe
portant la croix, une autre les clefs, une
troisième la tiare, deux autres buvant
dans un calice aux armes des Camaldules.
Elle vit en même temps la révolution qui
fut comprimée et toute la suite du pontificat.

« La vénérable servante de Dieu, Anna-
Maria, avait connu les événements qui,
après le pontificat de Grégoire XVI, de-
vaient marquer toute la suite glorieuse et
tourmentée de celui de son successeur.

« Un jour, raconte le cardinal Pedicini,
elle priait en versant un torrent de larmes.
Elle offrait au Seigneur ses peines et ses
souffrances, afin que les pécheurs se con-
vertissent, que le péché fût détruit et que
Dieu fût connu et aimé. Le Seigneur dai-
gna lui manifester les horribles péchés de
personnes de toute condition, et combien
il en est offensé. A cette vue, la vénérable
ressentit une profonde douleur, et dit en
soupirant : « Ô mon bien-aimé, comment
« pourrait-on remédier à un si grand dé-

« sastre? » Il lui fut répondu : « Ma fille,
« mon épouse, mon Père et moi nous re-
« médierons à tout. Après le châtiment,
« ceux qui survivront devront se compor-
« ter ainsi..., etc. » Et elle vit aussi leur
conduite édifiante, ainsi que celle des autres catholiques.

« Une autre vision eut lieu lorsqu'elle
était en oraison devant le petit autel de
sa chambre. La sainte femme priait pour
les maux de l'Eglise et pour tous ceux du
monde entier. Elle vit apparaître dans les
airs un globe semblable à la terre, entièrement entouré de flammes qui mena-
çaient de le consumer. D'un côté était Jésus crucifié, répandant un torrent de
sang ; à ses pieds était la sainte Vierge qui,
ayant déposé son manteau de reine, priait
instamment le divin Sauveur d'arrêter, par
les mérites de son sang offert pour les pécheurs, les fléaux dont les hommes étaient
menacés. Anna-Maria s'unit à cette prière,
et la vision disparut. »

PRÉDICTION D'UN RELIGIEUX BÉNÉDICTIN EN 1870.

Un religieux bénédictin de Saint-Guillaume, au couvent de *Monte Vergine*, près Naples, ami du roi, très-connu et estimé dans le pays, fut, à l'époque de l'invasion des garibaldiens, l'objet de la poursuite acharnée de ces bandits. Atteint par eux dans son couvent, couvert de blessures mortelles, percé de sept balles dont quatre sont restées dans son corps, il fut sauvé miraculeusement. Un religieux de Lyon eut occasion dernièrement de voir ce saint homme, et lui demanda ce qu'il pensait des choses actuelles; il lui répondit avec l'assurance la plus positive que ces douloureux événements se termineraient bien plus tôt qu'on ne le pensait, qu'il savait que tout serait fini vers le commencement de novembre, qu'il était entièrement persuadé que la France sortirait triomphante de cette terrible épreuve.

FIN.

Lyon. Imprimerie de Felix Girard, rue Saint-Dominique, 13.

www.ingramcontent.com/pod-product-compliance
Lightning Source LLC
Chambersburg PA
CBHW051146050726
47594CB00003B/1270